AF563777

MOYENS

PROPOSÉS

A L'ASSEMBLÉE NATIONALE,

POUR RÉTABLIR,

LA PAIX ET L'ORDRE

DANS LES COLONIES.

PAR, ARMAND-GUY-KERSAINT,
Député suppléant, administrateur au département de Paris, chef de division des armées navales.

A PARIS,
Chez les DIRECTEURS DE L'IMPRIMERIE DU CERCLE SOCIAL, rue du Théatre Français ;
Et chez les principaux Libraires de l'Europe.

1792.

AVERTISSEMENT,

DE L'ÉDITEUR.

L'ouvrage qu'on va lire, n'est que la première partie d'un vaste plan d'organisation sur les colonies. M. de Kersaint dont les talens et les excellentes vues politiques sont connues, en est l'auteur.

L'éditeur, à qui M. de Kersaint a confié tout son ouvrage, sentant que cette première partie seule, pouvoit éclairer en ce moment l'assemblée nationale sur la grande question des colonies, qui va incessamment être mise à la discution, s'est empressé de la faire imprimer séparément. Il répond en son nom des notes qu'il a joint au texte.

REIMOND.

PREMIERE PARTIE.

Du parti que doit prendre

L'ASSEMBLÉE NATIONALE

Dans l'affaire des Colonies.

QUEL parti l'Assemblée Nationale doit-elle prendre dans l'affaire des Colonies ?

En abordant cette question, j'apperçois une grande difficulté, je cherche le rang qu'occupe les colonies dans notre ordre social, et je ne le trouve pas.

La constitution garde sur ce point le plus profond et le plus étonnant silence.

Cependant un mot, une expression dilatoire que je découvre au titre 2, chapitre 1er. de l'exercice du pouvoir exécutif, fonde les droits indirects de ce pouvoir sur les colonies, d'une manière indéfinie ; » au roi est » délégué le soin de veiller à la sûreté extérieure du royaume, et d'en maintenir les » possessions : » ce texte mérite une sérieuse attention.

Ici la loi constitutionnelle établit un droit, et décide une grande question. Si cet article fonde, suivant les ministres, le droit qu'a le roi d'envoyer des forces dans les Colonies selon qu'il le jugera convenable, sous la seule condition d'en prévenir le corps législatif ; il établit en même tems, que les Colonies sont une possession nationale *ou du royaume*, ce qui est la même chose ;

Mais que deviennent alors deux garans essentiels de nos droits, la responsabilité du ministre, et le droit de réquisition et le principe de l'égalité des droits dans l'unité monarchique ? Ces mots, *possessions du royaume*, changent tous les rapports établis par les décrets entre les Colonies et la métropole.

Ces établissemens ne sont plus ici partie intégrante de l'empire François, mais ses possessions dépendantes et subordonnées. Observez que les colons dans leur adresse au roi, ont manifesté le vœu de ne dépendre que de lui (1), et ne doutez pas qu'ils n'in-

(1) Nous supplions votre majesté de prendre les Colonies sous sa sauve-garde. — Adresse au roi, présentée le 2 Novembre, par les Colons, réunis à l'hôtel Massiac.

terprettent ces expressions, *les possessions du royaume*, dans celles-ci *les possessions de la royauté.*

Il devient donc d'une haute importance d'en fixer le véritable sens, de les rapprocher des décrets rendus sur les colonies, et de déterminer que l'article 1er. du titre 2 de la Constitution n'est applicable qu'aux cas où les ennemis de la nation menaceroient ou attaqueroient les colonies désignées sous le nom de *possessions du royaume.*

A la fin du titre 3, on trouve encore ces mots remarquables:

Les Colonies et possessions françoises dans l'Asie, l'Afrique et l'Amérique, quoiqu'elles fassent parties de l'empire françois, ne sont point comprises dans la présente Constitution.

Que signifient encore ces paroles ? Que les François habitant les colonies, sont rejettés de la constitution, que les droits garantis par elle, la liberté, les droits de l'homme, le beau titre de citoyen françois ne leur sont point acquis. Injuste et impolitique décret ? qui pourra croire un jour qu'une statue en a été le salaire ?

L'expression, *de possessions*, se trouve ici, est-ce par hazard, est-ce à dessein ? Les circonstances, la conduite des colons, celle du pouvoir exécutif, tout me porte à croire qu'une combinaison profonde et dont le but est d'affranchir les colonies de toutes dépendances de l'assemblée nationale, a dicté en général *ses dispositions*, et cet article explique la conduite du gouvernement et du comité colonial de l'assemblée constituante ; représentans du peuple hâtez-vous de reprendre vos droits, hâtez-vous de réhabiliter la nation dans l'exercice de sa souveraineté, les colonies sont le gage de sa puissance, et vous en êtes les garans.

Mais, si au terme des décrets mêmes, vous devez sanctionner leur constitution, vous êtes donc à leur égard le pouvoir constituant, et l'initiative qu'une complaisance fatale leur a fait accorder dans une loi que vous avez le pouvoir de détruire, ne change rien aux rapports de suprématie et de subordination établis par la nature des choses, et que le silence de l'acte constitutionnel ne peut affoiblir, cependant si vous aviez besoin de son autorité, vous la trouveriez dans le titre 3, section 1ere., article 1er. » Le nombre » des représentans du corps législatif est fixé » à 745, à raison de 83 départemens dans le

» royaume, et *indépendamment de ceux qui* » *pourroient être accordés aux colonies.*

Je vous le demande, qui peut fixer ce nombre ! qui peut accorder une part aux colonies de la représentation nationale, c'est-à-dire de sa souveraineté, si ce n'est le pouvoir constituant. Ainsi donc ce pouvoir vous est délégué par la constitution même : mais pour fonder vos droits, l'intérêt de la nation vous suffit, continuons de consulter l'acte constitutionnel. Je trouve encore dans cet acte, titre 4, article 8 de la force publique:

« Aucun corps ou détachement de troupes de ligne, ne peut agir dans l'intérieur du royaume, sans une réquisition légale. »

ART. X.

« La réquisition de la force publique dans l'intérieur du royaume, appartient aux officiers civils suivant les règles déterminées par le pouvoir législatif. »

Pourquoi n'appliqueriez-vous pas ces principes aux colonies ? cette belle loi de la réquisition, ce rempart de la liberté publique doit s'étendre à tout l'empire.

Si tels sont enfin les droits d'une municipalité sur son territoire, à plus forte raison à l'assemblée nationale appartient celui de requérir l'envoi des troupes dans les colonies, dans le cas où des discordes civiles les lui feroient juger nécessaires à la sûreté des propriétés particulières, ou à la conservation générale du pays dans ses rapports avec les intérêts nationaux ; cela est incontestable dans les deux hypotèses, et soit que l'on considère les Colonies comme *possessions nationales dépendantes*, ou qu'on les range dans la classe des départemens ou division du territoire de l'empire.

Avant d'entrer dans l'examen de la situation actuelle des affaires dans les colonies, j'ai cru nécessaire d'appeller votre attention sur ces considérations importantes, parce qu'elles doivent être le motif déterminant d'une résolution majeure de la part du corps législatif, résolution sans laquelle nos colonies sont perdues pour la nation, et les efforts pour les conserver, seulement propres à affermir les droits exclusifs qu'on voudroit donner au roi (1).

(1) *Note de l'éditeur.* J'ajouterai à toutes les considérations de l'auteur, la réflexion suivante.

L'acte constitutionnel a déclaré que les colonies n'é-

Je dirai plus, je crois le sort de la constitution attaché au parti que l'assemblée nationale va prendre : si vous laissez agir le ministre seul, les Colons royalistes, exagérant dans leur pays les obligations qu'ils prétendront avoir au roi, diront : dans nos détresses, c'est le roi qui nous a secourus.

Qu'a fait l'assemblée nationale au récit de nos malheurs ? elle a passé à l'ordre du jour.

Alors il s'établira une doctrine coloniale anti-constitutionelle, dans laquelle il est apparent que la nation succombera, car on se servira des propres principes établis par l'assemblée constituante, sur la liberté des peuples pour vous combattre, et fonder la résistance qu'on opposera à vos décrets, et la ré-

toient pas comprises dans la constitution. Il faut donc faire aux colonies une constitution, mais pour la faire, n'est-il pas juste et indispensable de consulter le vœu de tous les habitans propriétaires et contribuables des colonies ? D'après ce principe, on ne peut donc se dispenser de connoître le vœu des hommes de couleur, libres, propriétaires et contribuables, sur-tout, lorsqu'il est évidemment prouvé qu'ils forment plus de la moitié de la population libre et contribuable des colonies, et qu'ils possédent plus du tiers des terres, et le quart des esclaves qui les font valoir.

solution de ne reconnoître que l'autorité royale, et le concours de circonstances extérieures et intérieures dont on saura bien environner cet événement, vous forceront d'en subir la loi.

Ici vous avez à vous défendre de votre propre vertu, la défiance est le flambeau du législateur ; sauvez la Nation du danger qui la menace, l'indépendance absolue des colonies est préférable à leur indépendance du pouvoir législatif, à leur dépendance de la Couronne ; dans le dernier cas, le roi déjà si puissant, le roi que la corruption du siècle tend à élever sans cesse, et qui réunit pour nous subjuguer, l'argent, la puissance et la séduction, maître des colonies, aura dans ses mains la source de la richesse publique. Le corps législatif n'ayant plus à stipuler sur ces grands intérêts, tombera (et c'est ce qu'on desire) dans l'avilissement et il ne nous restera de la révolution que le désespoir d'avoir créé un despote sur les ruines de cent mille que nous aurons inutilement renversés.

Mais l'assemblée nationale par une mesure prompte et vigoureuse, peut encore sauver l'état, et voici celle que je lui propose.

1°. Suspendre le départ des troupes jusqu'à ce que l'assemblée en ait autrement ordonné: approuver dans le même moment les armemens consentis, ordonner qu'il vous soit rendu compte, dans la plus prochaine séance et avec détail, de ce qui est préparé, et de ce qui a été fait pour secourir les colonies, à quoi vous ajouterez ce que vous jugerez convenable, mais le pouvoir exécutif vous disputeroit ici le droit d'ordonner dans cette partie, pour faire tomber cette opposition, vous n'avez qu'un parti à prendre, c'est la deuxième mesure qu'exige de vous les circonstances, je vous propose donc de vous déclarer *assemblée constituante, relativement aux colonies*, et jusqu'à ce que leur constitution et leur relation politique et commerciale avec la métropole ayent été réglées et fixées conformément aux précédens décrets; en conséquence d'inviter les députés des colonies qui avoient voix délibérative dans l'assemblée constituante, de se réunir à l'assemblée nationale législative, en leur accordant le droit de voter dans toutes les affaires relatives aux colonies, et en les rendant responsables envers leurs commettans de leur refus, de participer à ces délibérations (1).

3°. Arrêter, que dans le silence des colonies, l'assemblée nationale se considère comme leur pouvoir civil, et se réserve à ce titre le droit de requérir la force publique qu'elle jugera nécessaire à leur sûreté.

4°. Arrêter qu'aucun corps militaire étranger ne pourra être envoyé dans les colonies, sans l'autorisation du corps législatif, et que les établissemens d'outre-mer ne pourront avoir pour chef militaire que des citoyens François, fils de François, et nés en France (2).

(1) Si ce plan qui est très sage, étoit exécuté, il ne faudroit pas que la présente législature commît l'injustice de la première, d'exclure les représentans des citoyens de couleur; il faudroit donc en appeller un nombre égal à celui des représentans des colons blancs, puisque les deux classes sont égales en nombre.

(2) Cette mesure est d'autant plus sage, que M. Blanchelande qui sent bien qu'avec des troupes Françoises on n'opérera jamais la contre-révolution qu'il desire, ne cesse de demander au ministre des troupes étrangères pour les colonies. Voyez sa dernière lettre en date du 28 octobre, lue à l'assemblée nationale, et insérée dans le logographe du 31 Décembre; vous y trouverez cette phrase : *des troupes étrangères et subordonnées, il y a long-tems que je le dis, sont les seules qui conviennent ici.*

A ces premières dispositions qui remettront l'assemblée nationale à sa place, tous les bruits qui, sous toutes les formes, n'ont d'autre objet que de la tromper, et de dérober à sa surveillance, l'abîme que l'on creuse pour l'engloutir, et notre liberté avec elle, se dissiperont.

La nation inquiète de la situation équivoque de ses représentans, reprendra la confiance qu'elle leur doit ; l'amour de la patrie se rallumera, et nos lâches adversaires, trompés encore une fois dans leurs coupables espérances, céderont enfin à la toute puissance des choses et à la constante volonté de la nation.

Après vous avoir proposé d'attirer sur vous tout le poids de la responsabilité des événemens dans l'affaire des colonies, il convient de vous présenter les moyens de vous garantir des effets fâcheux que vous pourriez en redouter, ces moyens sont simples et sont certains ; mais avant de vous les offrir, permettez-moi de jetter un coup d'œil sur l'état réel de Saint-Domingue, et *pour bien juger du parti que vous devez prendre* à l'égard de cette colonie, voyons ce que vous avez à craindre pour elle et par elle.

Vos sujets de crainte sont de trois espèces, la première, la révolte des esclaves ; la seconde, qu'elle n'appelle l'étranger, et ne veuille changer de maître, ou se rendre indépendante ; la troisième, qu'elle ne proteste contre la puissance nationale pour ne reconnoître que l'autorité royale : en effet, les motifs de ces différentes craintes sont fondés ; mais comment parviendrez-vous à les dissiper ? un seul et même moyend oit vous suffire.

Il existe à Saint-Domingue une classe nombreuse d'hommes qui aiment la France, qui chérissent les nouvelles loix, ce sont en général les honnêtes gens, les gens éclairés, les hommes laborieux qui vivent dans un état de fortune médiocre, et des fruits d'un travail journalier, qui ne doivent rien.

Cette classe est encore fortifiée par celle des hommes de couleur libres et propriétaires, voilà le parti de l'assemblée nationale, dans cette isle, c'est celui qu'il faut soutenir par tous les moyens réunis, vous avez encore un grand intérêt à ménager, et qui vous donnera des forces, je parle de l'intérêt du commerce de France, sacrifié depuis long-tems aux liaisons étrangères, et que nos colons préfèrent par la raison qu'ils y trouvent le moyen de frustrer leurs créanciers François d'une partie de leur récolte, prenez des mesures pour faire cesser cet abus, alors vous verrez se réveiller avec force, le zèle patriotique de nos grandes villes maritimes, la circonstance est favorable, car ne doutez pas qu'il n'y ait à Saint-Domingue un parti qui veut détruire toutes les barrières qui gênent son avidité, et que nos intérêts commerciaux n'y soient scandaleusement immolés à l'aide des circonstances actuelles ; ne doutez pas que l'indépendance ne soit encore le but secret vers lequel tendent les colons obérés de Saint-Domingue (1), ce moyen de s'acquiter,

(1) Ces vues d'indépendance sont si prononcées, que depuis le concordat entre les hommes de couleur et les blancs, quelques uns de ces derniers ont proposé aux premiers de se joindre pour y arriver. Voici à ce sujet l'extrait d'une lettre écrite à bord du vaisseau, le Borée en rade au Port-au-Prince, en date du 20 octobre, et insérée dans la gazette universelle du Samedi 31 Décembre 1791.

» Saint-Domingue a demandé des forces à tous ses » voisins. Les Anglois seuls ont envoyé de la Jamaïque » trois frégates et un vaisseau de 50 : deux frégates ont » été au Cap. Le vaisseau et une petite frégate sont venus

seroit si commode, voici ce qu'on pourroit faire pour s'opposer à ce désordre, et rattacher cette importante colonie à la France.

L'intégrité des côtes dans nos isles, résulte du concours de la vigilance du gouvernement et de celles des forces maritimes, car sans les secours extérieurs, leurs idées d'indépendance sont chimériques, ainsi voulez-vous défendre vos colonies, ayez des vaisseaux, voulez-vous protéger efficacement vos intérêts commerciaux, employez y des vaisseaux, voulez-vous enfin conserver vos colonies, ayez encore des vaisseaux. Mais assurez-vous de leurs chefs, des troupes citoyennes, et des vaisseaux patriotes, et toutes nos craintes cesseront; c'est dans ces principes que je vous propose les moyens suivans.

» au Port-au-Prince; ils n'ont pas plutôt paru, qu'on *n'entendit parler que d'indépendance, que de livrer la colonie aux Anglois, les factieux du Port-au-Prince, ont même fait des démarches à cette occasion, auprès des mulâtres, pour les faire entrer dans leurs projets : ceux-ci l'ont rejetté avec indignation, ils ont répondu qu'ils vouloient vivre et mourir Français; que bien loin de recevoir les Anglais, ils seroient les premiers à les combattre, et que s'ils ne pouvoient sauver les colonies, les conquérans ni trouveroient que des cendres.*

Je

Je vais les résumer en forme de loi, afin que vous en jugiez plus facilement, j'en développerai les avantages en me résumant.

ARTICLE I.

La force publique militaire dans l'isle de Saint-Domingue, sera portée à quatre mille six cent hommes de troupes, dont deux mille trois cent gardes nationaux des villes de Brest, Bordeaux et Nantes.

ART. II.

Douze cent gardes nationaux seront placés au Cap François ou province du nord, 600 dans celle de l'Ouest, cinq cent dans celle du Sud.

ART. III.

Le ministre de la marine autorisera le département de la Garonne, à faire passer sur les premiers vaisseaux expédiés de Bordeaux, ces compagnies de volontaires nationaux, à mesure qu'elles se seront formées, la contribution de cette ville en hommes, sera de douze cent, et leur destination pour le Cap François, conformément à l'article 2.

ART. IV.

La ville de Nantes et le département de

la Loire inférieure, auront les mêmes ordres pour six cent volontaires qu'ils feront passer au Port-au-Prince, par les vaisseaux du commerce.

ART. V.

La ville de Brest fournira 500 hommes, lesquels passeront sur des gabares de la Nation qui seront armées exprès et incessament pour cet objet, le département du Finistère s'entendra avec l'ordonnateur de la marine pour ce transport.

ART. VI.

La station ordinaire de Saint-Domingue, sera renforcée de 12 bâtimens, 4 frégates et 8 corvettes, la garnison de ces douze bâtimens, sera renforcée de 1200 hommes d'infanterie qui seront repartis sur tous les bâtimens de la Nation, et qui ne pourront être employés à terre, que sur la réquisition du pouvoir civil et le consentement du commandant militaire du lieu, d'où il résultera que dans le besoin, les forces navales pourront sans être hors d'état de naviguer, fournir un secours effectif de deux mille hommes à la colonie, la situation sera mise sur le pied de guerre.

ART. VII.

Les douze bâtimens seront confiés à des sous-lieutenans de vaisseau qui n'étoient point ci-devant nobles, et le roi sera invité à remettre le commandement de la station de Saint-Domingue, à un officier dont les sentimens pour la nouvelle constitution soient connus, et comme le plus grand intérêt public dépend de ce choix, ce commandement ne pourra être confié qu'à un officier qui apportera un certificat de civisme de sa municipalité, visé par le directoire de son département, les loix militaires sur la hiérarchie des grades et le rang d'ancienneté seront suspendus, afin d'ouvrir une carrière plus vaste au choix du ministre. Les brevets et les rangs seront réglés pour cette campagne, et ce service réputé extraordinaire.

ART. VIII.

Les instructions données à ce commandant, seront communiquées au corps législatif; elles auront pour bases la protection due au commerce national, et la défense de la colonie contre toute attaque extérieure et intérieure, et pour prévenir toute inquiétude de la part de nos voisins et des puissances maritimes, ces mesures leur seront communiquées officiellement par le ministre des affaires étrangères.

Vous aurez ensuite trois partis importans à prendre, le premier de séparer le commandement militaire de mer et celui de terre, en les rendant chacun responsable.

L'Angleterre vous sert à cet égard de modèle et d'exemple, le second de faire une adresse aux colonies, qui leur rappelle tous les avantages qu'elles acquièrent par la révolution.

Le troisième d'envoyer des instructions et des pouvoirs aux derniers commissaires, relatifs aux dispositions et au parti que l'assemblée nationale aura pris.

Le concours de ces diverses dispositions vers un même but est sensible, cependant il peut être utile d'en développer l'esprit et les rapports.

J'ai fixé votre attention sur cette obscurité, sur cet état indécis, dans lequel la constitution place les colonies dans leur rapport avec la métropole, il étoit nécessaire d'éclairer ces détours, et de réintégrer le corps législatif dans ses droits à l'égard de ces parties éloignées de l'empire, et certes on ne peut nier la vérité des principes que j'ai posés, et la justesse et l'utilité des conséquences qui en résulte, par elles la question des colonies est résolue, et les pouvoirs et les droits de l'assemblée nationale déterminés et assurés.

Le premier usage de ce droit, devroit être de s'emparer des mesures déjà prises par le ministère, pour la conservation des colonies, dont en sa qualité de corps constituant, l'assemblée nationale devient responsable envers la nation, et tel est le but de la première mesure proposée; la seconde fonde les droits de l'assemblé, et l'invitation aux députés de se joindre à elle, est une conséquence des principes, et le gage de la pureté des intentions du corps législatif, relativement aux intérêts des colons.

La troisième mesure n'est qu'une conséquence des deux autres, l'assemblée nationale considérant les colonies comme partie intégrante de l'empire, doit être gardienne et conservatrice des droits civils et politiques de tous les François qui les habitent, elle doit donc les préserver de toute atteinte de la force publique, dirigée par le pouvoir exécutif, et comment le pourroit-elle sans la réserve du droit de réquisition, c'est dans l'exercice de ce droit, que réside la liberté politique des colonies, il ne peut appartenir en France qu'à l'assemblée nationale, elle ne peut s'en dessaisir sans trahir son devoir et les intérêts de la Nation.

La quatrième mesure est fondée sur le principe d'une sage défiance, je la recommande à l'assemblée, au nom d'une vieille expérience, et d'une connoissance exacte de l'esprit général des colons; n'avons nous donc pas assez de François, et devons nous confier la garde de nos plus précieuses richesses à des étrangers qui ne peuvent jamais avoir au même dégré, ces sentimeus de préférence et d'amour que nous inspire pour sa gloire et ses intérêts, la Nation et la patrie qui nous vit naître? la prudence ne nous dit-elle pas qu'à de si grandes distances nous ne devons prendre confiance qu'en ceux qui nous laissent en quelque sorte des ôtages; un étranger vous donne sa parole, je la respecte, mais un François vous laisse encore sa fortune, sa femme, ses enfans, sa famille, ses amis, et dans ses tems d'aveuglement et d'esprit de parti, tous ces gages seront à peine une caution suffisante; mais enfin veut-on de cet article une raison plus déterminante, je dirai à l'assemblée ; interrogez le ministre de la marine : *il vous dira que les colons sollicitent l'envoi de troupes étrangères, et que le régiment de Berwick a été désigné* (1).

Je dois maintenant passer au décret d'exécution qui contient les moyens conservatoires et décisifs appropriés aux circonstances dans lesquelles se trouve Saint-Domingue.

Ce décretporte sur ce principe, voulez vous éteindre une passion, ôtez lui l'espérance ; trois sentimens causent les troubles de Saint-Domingue, la cupidité qui veut s'enrichir dans les relations extérieures étrangères, l'aristocratie qui veut renverser la constitution françoise, l'amour de l'indépendance dans les esclaves qui courent à la liberté.

Par les moyens maritimes j'enlève aux premiers leurs ressources par les gardes nationales, je fortifie le parti des bons françois et je désespère les autres.

Par les troupes de ligne, je donne au gouvernement la force de maintenir le régime intérieur du pays et de réprimer les révoltes des esclaves.

(1) Voyez la note de la page 12.

Par l'ensemble de ces mesures, enfin j'assure la paix au-dehors, la tranquillité au dedans, et les intérêts généreux de la mère patrie et ceux plus particuliers de nos commerçans (1).

Je crois qu'il est difficile à tout homme de bonne foi de ne pas reconnoître dans le concours de moyens et de mesures que je viens d'analiser, des avantages que les autres dispositions ne tendent qu'à rendre plus certaines; celle dans laquelle je propose de séparer le commandement de mer de celui de terre, a besoin d'explication.

Elle est fondée sur la connoissance que j'ai du service des stations dans les Colonies.

Les forces maritimes sont le moyen conservateur des intérêts du commerce de France, on s'est toujours trompé ici sur la sorte de surbordination dans laquelle cette force devoit être du gouvernement des Colonies.

(1) Je regarde ces mesures comme provisoires pour fonder une paix durable dans les colonies, il faut remonter à la source du mal, c'est ce que nous ferons dans la seconde partie. Nous écrivons aujourd'hui sous la dictée de la nécessité, il faut couvrir le feu avant que de remédier au dommage. (*note de l'auteur*)

L'exemple des Anglois, si long-tems perdu pour nous, est fondé à cet égard sur ce principe, que le gouvernement intérieur est toujours pour les Colons, qui savent bien s'influencer les négocians de la métropole; on dit, nous aurons pour nous la marine ou *la force extérieure*. Ces deux autorités sont donc séparées dans les isles, sauf la responsabilité des deux chefs, et c'est avec cette condition que je la propose. Le lord Hood commandoit les forces navales des Anglois lorsque Saint-Christophe fut attaqué. Le général qui commandoit dans les isles, dit à l'amiral, si vous me transportez avec 1500 hommes, je sauverai Saint-Christophe. Hood étoit le maître de refuser; mais il devenoit responsable, le danger étoit grand; Hood n'avoit que 18 vaisseaux, de Grasse en avoit 30. Hood prend les 1500 hommes, les débarque sur l'isle attaquée, se couvre de gloire, et le général des troupes de terre forcé de fuir sur les même vaisseaux qui l'avoient apporté, demeura seul responsable de l'événement.

J'invoque encore ici les principes, le despotisme divise les hommes pour les asservir, le régime de la liberté divise les pouvoirs pour assurer les droits des hommes.

Confiez les intérêts du commerce et la garde des côtes à vos marins, ils ne doivent point se mêler de l'intérieur ; mais s'ils en dépendent immédiatement, craignez les coalitions, les dissentions, et ce rejet des fautes jusques sur celui qui trouve toujours des excuses ou dans sa puissance ou dans sa nullité ; les grands pouvoirs n'ont jamais torts ; et les petits se sauvent souvent par leur petitesse même. Je crois inutile de pousser plus avant ce commentaire, le tems presse, n'en perdons pas dans la dispute, que tous les intérêts de l'amour propre se taisent, accueillons la vérité sans nous informer de celui qui la présente, marchons tous sous la bannière de l'intérêt public, c'est là le vrai palladium sous lequel nul revers n'est à craindre, sous lequel nous serons tous heureux, invincibles et libres.

Après tant de jours de gloire, lorsque l'univers entiers nous regarde, oserions-nous dégénérer de nos premiers efforts, de nos premiers sacrifices dans la grande entreprise de l'affranchissment de l'espèce humaine. Représentans d'un peuple libre, regardez autour de vous et n'oubliez pas ce que peut une grande nation ; *sachez vouloir* et n'en doutez pas, nous saurons agir : mais on m'a fait une objection, on oppose à l'obscurité dans laquelle je prétends que nous laisse l'acte constitutionnel sur l'état et les rapports politiques des Colonies envers la France, le fameux décret du 24 septembre, qui fixe, dit-on, d'une manière précise et constitutionnelle, cet état, et ces rapports au très-grand avantage de la métropole.

Eh bien ! Examinons ce décret dans toutes ces circonstances, ce décret dicté par tant de passions, ce décret qui agravera les désordres dans les Colonies, ce décret qui ne fait que changer le camp de la discorde, ce décret qui faisant tomber des mains des hommes de couleur le pavillon national, les forcera d'arborer pavillon ennemi, ce décret qui ne nous laissera d'amis d'aucune couleur à Saint-Domingue. (*a*)

Qu'importe, me dira-t-on ? Il répond à vos assertions, il lie les Colonies à la France, il assure à la nation la suprématie que vous craignez de voir passer en d'autres

(a) Cette opinion a été communiquée au comité des colonies de l'assemblée vers la fin du mois de novembre, ses événemens ne l'ont que trop justifié.

mains ; vos reproches sont vagues, l'intention du décret est positive, et ce décret est constitutionnel, il a été présenté à l'acceptation du roi.

Voici plusieurs observations, on y trouvera ma réponse.

1°. Que, sans le décret du 15 mai sur les gens de couleur, dont on vouloit suspendre l'exécution, après avoir provoqué contre lui tous les genres d'oppositions, le décret du 24 septembre n'existeroit pas (1).

(1) Ajoutez que ce décret n'a été rendu que sur les exposés du rapporteur du comité colonial, (que les évènemens ont démenti ;) tels que ceux-ci : 1°. *Que tous les hommes de couleur du port-au-prince et des environs ayant eu connoissance du décret du 15 Mai, s'étoient assemblés, et avoient arrêté qu'ils ne vouloient pas jouir du bénifice de ce décret et qu'ils laissoient aux blancs le droit de statuer sur leur sort.*

Cependant c'est dans ce même lieu, au port-au-prince, où les mêmes hommes de couleur ont fait les plus grands efforts pour reconquérir leurs droits, et où s'est enfin passé ce concordat à jamais mémorable.

2°. M. Barnave affirmoit encore *que tous les habitans de la colonie ne formoient qu'un vœu pour faire retirer le decret du 15* : et cependant on voit par le traité du Port-au-Prince entre les citoyens de couleur et les citoyens blancs, que tous les habitans et propriétaires blancs de la partie de

2°. Que dans le travail profondément médité des comités de révision, et de cons-

l'Ouest, ont acquiessé et signé l'acte qui rend aux hommes de couleur leurs droits.

3°. Le parti qui dans cette affaire est parvenu à égarer l'Assemblée nationale ne cessoit de répéter, *qu'il falloit une classe intermediaire dans les colonies, et que si jamais les hommes de couleur avoient les droits politiques, les colonies étoient perdues, parce que les esclaves se souleveroient.* Cependant on a vu par expérience le contraire; car les esclaves s'étant révoltés au cap par des causes qui seroient trop longues à détailler ici, l'assemblée coloniale ne crut pas devoir employer de meilleurs moyens pour arrêter cette insurrection, qu'en prenant des arrêtés pour l'exécution du décret du 15 Mai. C'est-à-dire du même décret qui selon M. Barnave, devoit faire soulever les esclaves.

Enfin l'expérience a démontré que les parties de l'Ouest et du Sud n'ont été garanties de la révolte des esclaves, que parce que dans la première de ces parties, on y a reconnu les droits des hommes de couleur, et que dans la seconde, ils n'y ont pas été contestés par des factieux, et des intrigans, comme dans la partie du Nord. Et quand à la classe intermédiaire, si utile selon M. Barnave, pour la conservation des colonies, on doit voir par le discours du maire du Port-au-Prince, après le traité du Port-au-Prince, qu'une seule phrase a détruit cet intermédiaire, et que la colonie n'a été que plus tranquille. Voici la phrase.

» Citoyens de couleur, mes amis, vous perdez ici » cette dénomination; *il n'existe plus de distinction, plus* titution, il n'y a pas eu un seul mot qui se rapporte à ce décret.

3°. Que l'acte constitutionnel sur lequel et par lequel l'assemblée nationale législative à juré, dans cet acte accepté par le roi, dans cet acte que tout françois possède et qui se répand avec profusion sur toute la terre, dans ce rudiment de tout citoyen, il n'est question des Colonies que pour les excepter de cette loi fondamentale de toutes les loix.

4°. Que la constitution ayant été acceptée et jurée par le roi le 14 septembre; elle est devenue obligatoire pour tous les François sans exception; et *qu'à cet époque l'assem-*

» *de différence*, nous n'aurons à l'avenir, *tous ensemble*, » qu'une même qualification, celle de citoyen.

M. Barnave a encore eu la bonhomie de présenter, dans son rapport, la classe des hommes de couleur, comme n'étant qu'au nombre de 6000 dans toutes les colonies, lorsqu'il est prouvé qu'à Saint-Domingue seulement ils sont 40,000. Il les présentoit comme privés de toutes lumières, et ils ont fait le concordat du 11 Septembre.

On se dispense de citer toutes les erreurs de M. Barnave dans ses exposés on ne finiroit pas. Mais il suffit de ceux qu'on vient de lire, pour prouver que le décret du 24 Septembre doit être révoqué.

blée n'a pu faire une loi constitutionnelle pour les Colonies, sans s'appuyer elle-même sur ce principe que nous invoquons, sans se considérer à leur égard comme pouvoir constituant, bien qu'elle ne fût plus à l'égard du reste de l'empire que corps législatif.

En effet, avant que la constitution coloniale soit connue et acceptée, le pouvoir constituant doit résider quelque part, on invoque la loi qui associe les deux pouvoirs; lorsqu'il s'agira de légaliser la constitution des colonies; quelle qu'imprudente que soit une telle loi, si le pouvoir législatif ne la révoque pas, il s'en suit seulement que le pouvoir constituant que je réclame en faveur de l'assemblée nationale sur nos colonies, doit être exercé au nom des deux pouvoirs; mais alors au moins, l'initiative appartiendra au pouvoir législatif, et rien de plus important pour la nation dans ces circonstances.

Ainsi la loi même du 24 septembre, est une autorité de plus en faveur de mon opinion, sur le caractère que doit prendre l'assemblée législative dans les affaires des Colonies.

Si j'examine plus attentivement les dispositions du décret du 24 septembre, je trouve encore d'autres moyens de fonder l'opinion que j'ai avancé.

Par cette loi article premier. Je vois qu'à l'assemblée nationale législative, est confié le soin d'assurer *le maintien des Colonies par des moyens de surveillance*; et plus loin, de faire *les loix qui concernent leur défense.* Or, qu'est-ce que je vous propose? d'user textuellement de ce droit; je veux dire d'assurer *le maintien des Colonies par des moyens de surveillance et de défense.*

Cependant vous laissez échapper ce droit en perdant de vue tous ceux que votre caractère principal vous donne sur ces grands intérêts; vous portez atteinte à votre propre considération, en montrant je ne sais quelle timidité de vous mêler d'une affaire où la fortune publique est si grièvement compromise.

L'article trois, du décret cité, dépouille la nation du droit de statuer sur le sort *des personnes non libres*, et sur l'état politique *des hommes de couleur et négres libres*; mais l'insurrection des esclaves le lui restitue, les Colons l'ont bien senti lorsqu'ils ont mendiés des secours de toutes les nations, hors ceux de la mère patrie; les défiances les raisons qui ont fait solliciter cet abandon, l'esprit de parti qui au mépris de la justice et de l'honneur national, a flétri les derniers jours de l'assemblée nationale constituante, par cette honteuse concession, cette aveugle condescendance, tout cela disparoît avec les auteurs et les fauteurs de ces loix fatales.

Le droit imprescriptible de la nation sur ces parties, les principes d'éternelle justice, je dis plus aujourd'hui, l'intérêt de ces mêmes hommes qui vouloient être indépendans de vous; tout vous ordonne de reprendre un droit qui n'a pû être aliéné; soyez les maîtres dans les Colonies ou leur destruction est inévitable, protégez-y tous les hommes, et souvenez vous que le premier de vos devoirs est la défense de l'humanité, est la conservation des sources de nos richesses.

Pour y parvenir il vous faut un grand *pouvoir*, et cette vérité me ramène aux moyens que je vous ai proposés; ainsi donc, l'objection qu'on m'a faite, ajoutez à l'évidence de vos droits, et à la nécessité où vous êtes d'en user sans retardement (1).

(1) Cette opinion devoit être lue à la barre de l'assemblée nationale, on s'est ensuite borné à la communiquer au comité des colonies. Sa publicité en faisant connoître

l'avis général, décidera peut-être l'assemblée nationale, que les patriotes doivent soutenir de toutes leurs forces dans la situation difficile, où les fautes de l'assemblée constituante l'ont placé; situation dont les mesures les plus vigoureuses peuvent seules la tirer. Mais sa tâche dans cette grande affaire, ne se termine pas à l'emploi de la force publique, cette manière violente de réprimer les désordres, est aussi celle de la tyrannie, et sous un régime de liberté, c'est avec douleur qu'on doit recourir à de tels moyens, alors que vous aurez ramené dans vos colonies la tranquilité de la terreur, songez que vous devez y fonder sur une autre base la paix sociale. C'est en marchant vers ce but que vous expierez les crimes des générations passées, et celui que vous allez commettre en cédant à l'impérieuse loi des circonstances.

Nous proposerons dans la seconde partie des moyens de rappeller la *paix*, la prospérité, la sécurité dans ses malheureuse contrées dévastées aujourd'hui par les fléaux réunis de l'orgueil et de la vengeance, et ces moyens seront dignes de l'assemblée nationale, et des François éclairés et des François libres. (*note de l'auteur*)

Fin de la première partie.

www.ingramcontent.com/pod-product-compliance
Lightning Source LLC
LaVergne TN
LVHW020256230826
846091LV00006B/2443
* 9 7 8 2 0 1 1 7 8 5 4 0 4 *